Contraste insuffisant
NF Z 43-120-14

Illisibilité partielle

Chevalier

1828.

5778
32

Chevalier

(2)

PASSAGE

DU

PAPE CLÉMENT V

A VALENCE

AU RETOUR DU CONCILE DE VIENNE

A ses débuts, — il y aura bientôt quatre lustres — notre Bulletin indiqua, parmi les sources de premier ordre pour l'histoire du moyen âge, les Regesta pontificum Romanorum de MM. Jaffé et Potthast. Depuis dix-huit ans, la science a marché sur ce point à grands pas : outre une nouvelle édition, presque doublée, des Regesta antérieurs à Innocent III, on a commencé tout une série de publications sur les registres originaux qui renferment les minutes des bulles dés Papes du XIIIᵉ et du XIVᵉ siècles. C'est à notre école française de Rome et principalement à la direction de M. Edm. Le Blant qu'en revient, pour une grande part, le mérite. On a entrepris presque simultanément de publier le texte intégral des bulles les plus importantes et l'analyse de toutes les autres, des pontificats de Grégoire IX, Innocent IV, Urbain IV, Clément IV, Grégoire X, Jean XXI, Honorius IV, Nicolas IV, Boniface VIII et Benoît XI. Ces travaux, en dehors des inégalités de rédaction provenant de la multiplicité des éditeurs, ont deux inconvénients, dont l'un disparaîtra avec le temps et l'autre ne fera que s'accentuer : ils sont encore presque tous inachevés et leur prix n'a pas été calculé d'une manière suffisamment avantageuse pour l'acheteur de la collection. En toute justice, c'est surtout Léon XIII qu'il faut remercier de cette contribution hors ligne à l'histoire ecclé-

(1)

siastique du moyen âge. La mise au jour de ces myriades de documents n'est devenue possible que le jour où notre grand pape, pénétré de cette idée que l'Eglise n'a besoin que de la vérité, a fait ouvrir largement les portes des archives Vaticanes. Il ne s'est pas borné à encourager les travaux des divers instituts archéologiques qu'entretiennent la plupart des gouvernements à Rome, il a fait rédiger et imprimer à ses frais les registres d'Honorius III, de Clément V et de Léon X. C'est du second, le seul achevé (ou à peu près), que je vais parler ; d'ailleurs, il intéresse plus particulièrement notre contrée.

Donné comme successeur à Benoît XI, le 5 juin 1305, par les cardinaux réunis à Pérouse, Bertrand du Got, archevêque de Bordeaux, ne fut couronné à Lyon que le 14 novembre ; il résida dans cette ville (ou dans les alentours), du 29 octobre au 6 mars suivant. Il revint dans nos provinces pour le concile de Vienne, qu'il avait fixé tout d'abord, le 12 août 1308, au 1er octobre 1310. Son objet principal devait être la suppression de l'ordre du Temple, question très complexe et sur laquelle la lumière ne se fait que graduellement. L'affaire des Templiers n'étant pas suffisamment instruite, Clément V renvoya, le 2 avril de cette année, le concile au 1er octobre 1311. Il ne s'ouvrit en réalité que le 16 ; la deuxième session eut lieu le 3 avril 1312, la troisième et dernière le 6 mai.

Il nous a semblé utile de dresser ici, pour la première fois, l'itinéraire de Clément V, depuis son entrée dans le Valentinois jusqu'à son retour dans le Comtat-Venaissin. Les éléments en ont été puisés en très grande partie dans le Regestum publié par doms Tosti, Palmieri, Navratil, Stastny et Caplet. Cette source offre la plus grande sécurité, bien que, pour cette période de plus de huit mois, on puisse y signaler trois erreurs (aux 23 sept., 15 et 19 mai) ; les livres imprimés, qui ont fourni quelques additions, en contiennent un plus grand nombre.

1311

Septembre

18	Donzère, 7301.	24	Etoile, 7306.
»	Montélimar, 7310.	»	Valence, 7312.
19	— 7308-9, 7324.	29	Saint-Vallier, 7343, 7374,
22	Livron, 7305, 7315 à 7322,		7378, 7380, 7409, 7446-7.
	7327-8, 7332-3, 7346 à	30	Roussillon, 7377, 7456,
	7352, 7360, 7426, 7443-4.		7757.
23	— 7307.	»	Vienne, 7618.
»	Etoile, 7311 ; (Valence, 7304).		

Octobre

4 Vienne, 7338, 7358, 7616-7.
6 Roussillon, 7375.
7 Vienne, 7357.
11 — 7353 à 7356.
12 — 7344.
13 — 7400, 7419.
14 — 7364.
15 — 7365, 7402-3, 7405-6, 7420.

16 Vienne, ouverture du concile.
17 — 7417.
19 — DUPUY, *Traitez*, 105.
21 — 7620.
27 — 7366, 7368, 7396.
30 — 7381.
31 — 7433.

Novembre

2 Vienne, 7425.
3 — 7371.
4 — 7373.
5 — 7415-6.
6 — 7386, 7394, 7410, 7421.
7 — 7387, 7393, 7411-8.
9 — 7408, 7621.
12 — 7391.
13 — 7385, 7397-8-9, 7422-4, 7441.

15 Vienne, 7626.
16 — 7392, 7622-3-5.
17 — 7650-1.
20 — 7624.
25 — 8748.
26 — 7631-2, 7685, 8749.
27 — 7655.
29 — 7627.
30 — 7647, 7746.

Décembre

3 Vienne, 7628.
8 — 7646.
9 — 7633.
12 — 7636.
13 — 7629.
14 — 7711.
15 — 7630.
16 — 7758.
18 — 7635, 8750 à 8761.
19 — 7637.

20 Vienne, 7686.
21 — 7638, 7683.
22 — 7681-2.
23 — 7654, 7733.
27 — 7639.
28 — 7653-6.
29 — 8351-2-3-5-6-7-8.
30 — 7643-4.
31 — 7640-1-2, 7657-8.

1312

Janvier

1 Vienne, 7732.
2 — 7735.
4 — 7645-8-9.

5 Vienne, 8771.
7 — 8770.
10 — 7659, 7661-2-7, 7673.

11 Vienne, 7660, 8762.
13   — 7665, 7672, 7684, 8320.
14   — 7664.
15   — 7862-3.
16   — 7663, 8220.
17   — 7677, 7689.
18   — 7708, 7772, 8168.

21 Vienne, 7670.
22   — 7726.
23   — 7666, 7674, 7858, 8763.
24   — 7669, 7678, 7712.
26   — 7671, 7723.
27   — 7731.
28   — 7668.

Février

1 Vienne, 7680, 7704, 7722-4, 8022, 8764.
2   — 7675, 8246.
6   — 7676, 7713.
7   — 7699.
8   — 7679, 7698, 7917.
9   — 8765.

13 Vienne, 7687.
16   — 7693.
20   — 7710.
22   — 8561.
23   — 7690-1-5, 8695.
24   — 7692-6-7, 7709.
27   — 7694, 7700.

Mars

1 Vienne, 7701-2-3-7.
4   — 7743, 7766, 8237.
5   — 7716, 8398-9.
7   — 7705.
8   — Dupuy, *Traitez*, 176.
10   — 7902.
11   — 7809.
12   — 7706.

14 Vienne, 8241.
15   — 8766-7-8..
18   — *Privil. Cartus.*, 19.
20   — 7714.
24   — 8635.
28   — 7715.
31   — 7717, 7728-9, 8773 à 8777.

Avril

1 Vienne, 7721-7, 8040, 8772.
3   — 2ᵉ session du concile.
8   — 7730, 7741-2, 7774-5, 7786-7-8-9, 7810 à 7826, 7830-4-5-6-8-9, 7876, 8778-9-80.
9   — 7837.
10   — 7725, 7773.
13   — Lunig, IV, iv, 515.
14   — 7734, 7744.
16   — 7736, 7799, 7800.

17 Vienne, 7738, 7768.
20   — 8248, 8393.
21   — 7740-8, 7783-4-5, 7790-1-7-8, 7802-3-4-6-7, 7829, 7831-2-3, 7840-2, 7854-5-6, 8166, 8639, 8694.
22   — 8478-9, 8636-7-8, 8781-2.
23   — 7737-9, 7776 à 7780, 7843-4-5, 7864-5,

24 Vienne, 7781.
25   —   7747, 7938, 7940, 8783.
26   —   7745, 7767 à 7771.
28   —   7782, 7857-9.
29   —   7792 à 7796, 7801-

5-8, 7827-8, 7841, 7846 à 7851,-3, 7875-7-8-9-80, 7915, 8167, 8480.
30 Vienne, 7759 à 7765, 7901, 7955.

Mai

1   Vienne, 7937, 8235.
2   —   7885-6, 7889-90-1-2-5-6.
3   —   7861.
4   —   7871, 7975.
5   —   7926, 8871.
6   —   8344, 8784, 8873, fin du concile.
7   —   7866-7, 7893-7, 7900, 7977-8-9, 7981-4, 8704.
8   —   7881-3-4, 7939, 7980, 8028, 8206, 8271.
9   —   7860, 7882, 8017, 8058, 8242, 8432.
10   —   7869, 7959, 8013-4-8-9, 8175, 8640.
11   —   7852, 7982-3-5-6, 8741.

11 Roussillon, 7870, 7919-20-2-3-4-6-7-8-9, 7973-4.
12 Saint-Vallier, 8073.
14 Romans, 7898-9, 7903-4-5-7-8-9, 7911-2-3-4-6, 8178-9-80-1-2, 8207-8, 8210-1-2-3, 8670, 8786-7, 8819.
15 (Vienne, 7934 ;) Valence, 8837.
16 Livron, 7952.
19 Bollène, 7749, 7932-3-5, 8660-1, 8785 ; (Groseau, 8065-6).
21 Cairanne, 8258-9.
»   Vaison, 7972, 8718.
»   Groseau, 8273.
22   —   8818, 8844.

On remarquera le petit nombre de bulles (8) expédiées pendant le temps de la Passion (12-25 mars) ; aucune ne correspond à la solennité de Pâques (26). Il y en a deux le jour de l'Ascension (4 mai) ; aucune la veille de la Pentecôte (13). Par contre, à cette solennité, que Clément V passa à Romans (14), correspond un nombre (28) de pièces disproportionné avec celui de tout cet itinéraire, sauf le lendemain de la deuxième session du concile.

Le pape devait avoir besoin de repos : il n'en trouva guère le jour suivant à Valence, qui était sa plus proche étape. Pour se mieux rendre compte de la réception qui lui fut faite par les habitants et de l'amertume dont son cœur de pontife fut abreuvé, il faut lire dans son texte original, d'une belle latinité, le récit dramatique qu'il en fit, peu de semaines après (26 juin), à l'évêque de Valence, Guillaume de Roussillon.

VENERABILI FRATRI .. EPISCOPO VALENTIN. ET DILECTIS FILIIS .. ABBATI DE SANCTO ANTONIO AC .. PRIORI DE SANCTO VALERIO PER PRIOREM SOLITI GUBERNARI MONASTERIORUM, VIENNEN. DIOCESIS.

Alma mater Ecclesia, cujus regimini, licet indigni, disponente Domino, presidemus, sponso suo, qui Christus est, inseparabiliter copulata, habens in singulos (1) fideles populos velud universalis mater, et domina sponsi sui coruscans radiis, potestatem ; lamentari cohercetur et gemere, dum plerique mendacem filiorum titulum perferentes, instinctu relegato nature, alvum maternum rabie viperina dilacerant, et instructi furiali sevitia, in parentem insurgere moliuntur. Huic siquidem nostre querele prebet originem casus profecto solum cogitatu terribilis, actu nephandissimus, Deo nimium abominabilis et omnibus Christi fidelibus odiosus, cujus effera severitas quamlibet impietatis extimationem excedit, cujus eventus mentis nostre precordiis ex hoc acerbiorem ingerit vim doloris, quod facinus ipsum eo arbitramur graviori pena placendum (*sic*), quo profundius de reatus immensitate pensamus. Audiant igitur universi Christi fideles, quanti vituperii nota filii Belial matrem Ecclesiam respergere presumpserunt et quanto nos ingratitudinis vitio provocare, ut per filialis devotionis affectum, puncturam nobis illatam unanimi compassione degustent. Accidit enim quod cum nuper a Vienna, ubi per nos, non sine curis assiduis, vigiliis crebris, et solicitudinibus studiosis, ac prelatos, qui de diversis mundi climatibus, ubi Christi nomen colitur, ibi convenerant, novissime celebratum fuerat sacrum concilium generale, iter nostrum versus comitatum nostrum Veneysini dietis continuis ageremus, tam inibi, quam in terris Ecclesie, per quas transitus noster erat, pressuris laborum fatigati priorum, pro vite sustentatione, recreationis alicujus remedium accepturi ; ecce quod sicut ipsius itineris nostri continuatio requirebat, die lune post festum Pentecostes proximo preteritum ad civitatem declinavimus Valentinam, ibi recipi nos et nostram comitivam eo majori confidentes applausu et in nobis apostolice sedis supereminentia amplius honorari, quo ecclesia Valentina apostolice sedis filia ibidem merum, mistum imperium ac jurisdictionem omnimodam in dicti loci cives velut in subditos ab olim dinoscitur obtinere, nosque

(1) *Ms.* singulis.

pridem inter nobis incumbentium negotiorum turbas, ad procu-
randum eorum statum pacificum et tranquillum, quos diu gra-
vium dissensionum, de propinquo, turbo colliserat, sollicitudinem
extendimus apostolice servitutis; set in contrarium res se vertit,
dum odium pro dilectione repensum est, pro securitate data fuit
impressio, pro auro plumbum, pro argento scoria, et honores in
contumeliosas injurias sunt conversi; nam in ipsorum Valentinorum medio, bello surgente, facti sunt nobis hostes ex subditis,
et qui ad reverentie debitum tenebantur, rebellionis spiritum
assumentes, nedum hostilia, sed tirannica perpetrarunt. Processit
equidem in tantum Valentinorum ipsorum presumptuosa fero-
citas, virus quod ante diu conceperant evomentium, ut subse-
quens detexit exitus evidenter, quod nostris qui ante missi fuerant
officialibus, auctoritate nostra specialiter deputatis, ut venerabili-
bus fratribus .. cardinalibus .. archiepiscopis, episcopis et prelatis
aliis ac officialibus nostris, quorum comitiva carere minime pote-
ramus, ac ceteris curialibus curiam nostram sequentibus, solum
pro nocte una de congruis hospiciis, pensatis personarum condi-
tionibus, ipsarum personarum sumptibus providerent; nedum in
facie restiterunt manifeste, domos suas et hospicia etiam illa, in
quibus recipi passim consueverant quilibet alii viatores, prefatis
officialibus denegando, sed etiam prout excogitatis machinamentis
et studiosis colligationibus inter ipsos conditum antea videbatur,
cum dicta die Pentecostes, licet ipsius diei cum summa venera-
tione colenda festivitas securitatem promicteret (1), quamplures
viros utique providos et honestos, et contra quos eorum status et
mores non permictebant aliquid suspicari sinistri, qui se parum
a suis hospiciis ad recipiendum aliquid recreationis et aeris elon-
garant, nedum depredare, sed inhumaniter interficere temptave-
runt, ac die prefata quasi per omnes assumptis armis, in ipsos
nostros officiales hostili more vociferando, calvis excogitatis adin-
venctionibus irruerunt, et ipsos apertis conatibus et bellicis acti-
bus multipliciter infestarunt, antiquam libertatem quam apostolica
sedes a priscis temporibus habet in hujusmodi assignandis hospiciis, saltim eorum sumptibus, quibus eadem assignari contingit,
que nusquam reperitur alibi violata, rejecta sedis apostolice reve-
rentia, experto in nobis quod evangelista testatur : « In propria
venit et sui eum non receperunt », contemptibiliter infringere mo-

(1) *Ms.* promicterent.

liendo. Ac demum postquam prefata die lune fuimus eandem civitatem ingressi, Valentinorum ipsorum insania, pretenso (1) per ipsos, quod quidam, de gente nostra tamen seu familia non existens, quem iidem Valentini nostram dicebant sequi curiam, quemdam civem Valentinum interfecerat seu letaliter vulneraverat, tortuosam sequens insaniam et dampnabilem cecitatem, non attento, quod erat notorium toti mundo, quod ad camerarium seu marescallum nostre curie dicti malefactoris, si curialis esset, et ut premictitur deliquisset, cognitio et punitio pertinebant camerario vel marescallo predictis, aut aliquibus aliis nostris officialibus non adhibitis, nec super hoc aliquatenus requisitis, domum quamdam in qua nonnulli nobiles comitatus prefati Veneysini, nostri fideles atque vassalli, et qui de nostro mandato apud dictam civitatem Viennensem venerant pro dicto generali concilio conservando, ad quam domum dictum malefactorem confugisse dicebant, longis et periculosis insultibus impugnarunt, quamvis eisdem Valentinis per ipsos nobiles offerretur, quod aliquibus ex ipsis securum darent additum in dicta domo, ad prefatum malefactorem et quemvis alium, quem injuriosum sibi pretenderent, inibi perquirendum. Et licet postmodum dictus camerarius noster aliquos assignasset eis de suis officialibus capturos dictum malefactorem, ut ipsis Valentinis eum restituerent, si ad eos ejus punitio pertinebat ; alioquin quod illico per ipsum camerarium vel dictum marescallum fieret de ipso et in ipsorum Valentinorum conspectu plena justitia de eodem ; ipsi tamen velud amentes, repulsis officialibus prefati camerarii, impulsi furoris audacia, prefatam domum per violentiam, vulneratis per ipsos plerisque de prefatis nobilibus, effregerunt, et hominem quemdam, quem pretendebant esse maleficum memoratum, traxerunt exinde et postquam ipsum multis afflictum vulneribus et percussionibus diris attrictum, sui carceris ergastulo manciparunt, quod deberet eorum insaniam refrenasse, et ipsorum tamen rabie validius crebrescénte (2) hostili ritu, dicti cives arma contra curiales quoslibet, delectu (3) et differentia quibuscumque cessantibus, sonante tuba civitatis ipsius, ad cujus sonitum secundum observantiam ab olim ibidem irrefragabiliter observatam, passim consueverunt, presertim ad actus bellicos exercendos, assumptis armis, ipsius civitatis cives et universitas congregari, ad ipsius tube sonitum, tensis per eos insuper catenis

(1) *Ms.* protenso. — (2) *Ms.* crebescente. — (3) *Ms.* deletu.

per vicos et carrerias civitatis ejusdem, ac vexillis explicitis
assumpserunt, et in curiales ipsos, licet eis nullam suspicionis
·culpam ingererent, una voce clamantes : « Moriantur universi et
singuli curiales, non evadat aliquis ! » irruerunt ; et ut juxta
cor suum magis explerent fraudis et malitie sue depositum, quod
in pectore suo tanto tempore recondisse dicuntur ; videlicet,
quod ad thesaurum nostrum et sequacium nostrorum rapaces
manus extenderent, domos in quibus se venerabiles fratres nostri .. Tholosanus et .. Lectorensis episcopi receperunt, de quorum spoliis, utpote quos suspicabantur inter alios habundare, spe-
rabant abundantiis impinguari (1), congregati, per modum exer-
citus insultantes ; domos ipsas et habitantes in eis, diversis et
diutinis insultibus impugnarunt ; et quamvis per familiares ipsorum episcoporum Valentinis ipsis reverenter et humiliter offerretur, quod si quis eorum familiaris contra ipsos vel aliquem ex
eis in aliquo commisisset, ipsi personam seu personas quibus
aliquid excessus impingerent, ilico in eorumdem Valentinorum
manibus assignarent, ut de ipsis justitie fieret complementum ;
ipsorum tamen suis dentibus infrementium vox erat unanimis,
quod eosdem episcopos et ipsorum familiares, aliquo non eva-
dente, sublata spe cujusvis misericordie, trucidarent ; et effectui
perducere pollicita satagentes, columpnas quasdam ligneas quibus
quedam camera sustentabatur, ubi tunc erat idem Tholosanus
episcopus, securibus et dolabris (2), ut episcopus idem in ipsius
camere ruina corrueret, excidentes, quamplures ex suis familia-
ribus occiderunt, nonnullis aliis, quorum aliqui apud homines
quibus superesset aliquid rationis non haberent aliquid formidare,
utpote viri modestissimi, statu graves, prorsus inhermes, juris
utriusque professores, graviter vulneratis. Domui quoque memo-
rati episcopi Lectorensis ignem per quatuor domus ejusdem latera,
et domibus quampluribus, quas inhabitabant aliqui familiares
ipsius Tholosani episcopi, supponentes, episcopos ipsos, ac dictos
eorum familiares inhumaniter peremissent, nisi viros nobiles et
potentes, dilectos filios nobiles viros de Rossilhione et .. de Anjo (3)
dominos, qui pro liberatione vite dictorum episcoporum suppli-
citer exorabant, primo, et post magnum temporis intervallum,
semper interim ipsorum Valentinorum truculenta rabie in eosdem
episcopos seviente, te, frater episcope Valentine, et dilectum filium

(1) *Ms.* impiguari. — (2) *Ms.* delabris. — (3) *Reg.* Avio.

nobilem virum Guidonem Dalfini, qui eidem Tholosano episcopo
in adjutorium occurristis, supervenisse confingeret ; qui non absque tui, frater episcope, ac dictorum nobilium discriminoso peri-
culo, et ipsum episcopum Tholosanum et familiares ipsos de ore
gladii liberastis, et eodem episcopo Lectorensi super tecta do-
muum se per occulte fuge subsidium liberante. In quorum equos,
argentea vasa, libros, pretiosa jocalia et alia bona manus inhi-
cientes avidas, insultatis insuper ac fractis plurium aliorum curia-
lium domibus, et raptis et expilatis omnibus bonis et rebus curia-
lium prefatorum, capta preda, inter se raptores improbi spolia
diviserunt et accensa insuper amplius ferina sceleratorum rabie (1),
que tanto magis sitibunda facta est, quo dictarum rapinarum
dulcedinem degustavit, ad episcopale palatium dicte civitatis, in
quo nos tunc eramus et pernoctavimus nocte illa, direxerunt viri
sanguinum, sceleritatis ordinatis cuneis, gressus suos, ut, nos et
ipsum palatium hostiliter expugnarent ; nostri tamen familiares
juxta domum dilecti filii nostri Arnaldi Sancte Marie in Porticu
diaconi cardinalis, in quam jam tunc inceperant insultare, sue
rabiei furie, divina favente clementia, restiterunt. Et licet hujusmodi culpandorum excessuum inescusabilis et detestanda conge-
ries merito spem cujuscumque venie prescripsisset, tamen juxta
paterne consuetudinis patientiam, que durius provocata, beni-
gnius didicit misereri, eorumdem corda revocare credentes ab
obstinatione precipiti, ac suas insolentias, nobis substrahendo
necessitudinem ultionis, paterno velamine palliare ; tibi, frater
episcope, ac dilectis filiis .. preposito Valentino et nobilibus viris
Philippo principi Tarentino et Johanni et dictis Guidoni Dalfini et
de Rossilhione et de Anjo (2) dominis, tam per nos, quam per alios
duximus injungendum, ut tu et ipsi, ne flamma furoris hujusmodi
ultra procederet, adhiberetis sollicitudinem studiosam ; qui velud
obedientie filii et pacis angeli, ad hoc sedulis operationibus inten-
dentes, gentibus nostris ac Valentinis eisdem certa loca sive con-
finia prope dictum palatium, de partis utriusque consensu, spon-
taneo statuistis, ultra que neutra partium presumeret resilire ; sed
hoc profecto non profuit adversus eorum obstinatam pertinaciam
et confixam ; qui dum humilitatem et obedientiam extrinsecus
repromictere videbantur, ferrum tamen intrinsecus, sicut ex
sequentibus palam patuit, accuebant, et quanto sibi nostra beni-

____

(1) *Ms.* rapie. — (2) *Reg.* Avio.

gnitas affluentis ubera misericordie liberalius offerebat, tanto in-
gratiores effecti, viam salutis, ac si pactum viderentur fecisse cum
morte, studebant, obtusis intelligentie sensibus, aspernari, et
absque jugo facti sunt arcus dolosus ; nam de malo labentes in
pejus, vulnus adhuc recentis amaritudinis renovando, truculentas
exercentes insidias, sub noctis tenebris, velud filii tenebrarum,
iidem primogeniti Leviatan illudentes nobis, viri deceptionis, tan-
quam stolidi (1) et infideles perditionis alumpni, confusionem sibi
thesaurizantes et iram, ad agrediendum ipsa nocte nos et prefatum
episcopale palatium totis conatibus anhelantes, loca predicta, sicut
premictitur constituta, filii transgrediere (2) fallaces, ac gentes nos-
tras proditionaliter invadentes, quosdam ex eis letaliter vulnera-
runt. O quam amara filiatio et transversa, quam effrenis elata
subjectio, quam pernitiosum exemplum, quam rabiosi furoris
excessus ! Hec siquidem sunt, que Valentini nobis, in eorum sinu
recumbere cum omni securitate sperantibus, obtulerunt ; apud
quos repertum fuit merito formidandum vite periculum, unde
nasci defensionis indubitabilis auxilium sperabatur. Porro tedet
ad vindictam manus apponere, sed dum infra nostre mentis ar-
chana revolvimus, et in recti ponderamus statera judicii, ad quam
inauditam patris offensam filii prosiliere degeneres, quanti doli
machinamenta conjuraverunt adversus dominum subditi pesti-
lentes, et quam patens et incelabilis est plaga, et quam inextima-
bile periculum, si tradatur neglectui, paritura, et que presidentibus
aliis, quos manet nobis obsequendi necessitas, velud in superne
plenitudinis solio constitutis securitas remanebit, que de cetero
nuntiis et officialibus apostolice sedis devotionis inditia dimicten-
tur, si contra nos et familiares nostros, sub nostris oculis, tam
nephanda, tam abominabilia perpetrentur, et quid fiet in arido, si
jam in viridi tam orribilia stupendis ausibus attemptentur ; zelus
nos comedit domus Dei, clamat quoque tam orrendus excessus, et
instanter pulsat ad nos, Christi vicarium, acerbitas facinorum
eorumdem, quorum clamor in aures multorum mundi climatum
introivit, voce tubante prophetica : « Effunde iram tuam contra
gentes, que te non noverunt. » Horum igitur facinorum acerbitate
commoti, et ipsorum evidentia, que dissimulari nequeunt, excitati,
ut pro tam pernitioso et detestabili scelerum cumulo, severitate
gravissima, patratores ipsorum dure premat asperitas ultionis, nec

(1) *Ms.* solidi. — (2) *Ms.* transgeriere.

morbus tam pernitiosus obrepat, sed Valentinis ipsis excessus suos correctionis asperitate deflentibus, penalis eorum fletus cedat ceteris in exemplum; induentes pro thorace justitiam et judicii rectitudinem pro galea, licet ex facti qualitate, utpote notorii ac tergiversatione celari qualibet nequeuntis, ex nunc contra ipsos potuissemus rigidius, non injuste procedere, penas exequendo statutas a jure contra talium patratores; adhuc tamen probare volentes, si eorum occulos, quos ipsorum macula scelerum obfuscavit, aperire poterimus, et eis ne irreparabiliter ad precipitium dilabantur, lumen reddere veritatis, consules, consiliarios, majores et officiales ipsorum, ac universaliter singulos et singulariter universos presentium tenore requirimus, ut infra festum beate Marie Magdalene proximo venturum, per placabilis satisfactionis impensam, gratie sedis apostolice restitui mereantur; alioquin contra ipsos, eorum pertinacia postulante, ne gladius Petri manibus nostris torpentibus videatur consumi rubigine, prout flagitiorum exigit immanitas, procedemus; idem comune ac civitatem et universitatem omnibus privilegiis, libertatibus, immunitatibus realibus et personalibus, ipsis conjunctim et divisim, sub quacumque forma verborum ab apostolica sede concessis, necnon feudis et bonis, que a Romana vel aliis tenent ecclesiis quibuscumque, diffinitive privando, et quod ex tunc perpetuo sint infames, ita quod non sint ad testimonium, nec ad aliquos actus legitimos admictendi; eos etiam intestabiles nuntiando, adeo quod non possint condere testamentum, nec ad alicujus successionem ex testamento vel ab intestato recipi seu vocari; nullus quoque preterea ipsis super quocumque negotio, sed ipsi respondere quibuslibet aliis teneantur; nec cause ad ipsorum audientiam, si jurisdictionem habeant, perferantur; nec valeant eorum sententie seu processus; nullus eis in quacumque causa seu negotio patrocinium prestet, nec ipsi admictantur ad patrocinium aliis impendendum; et si qui eorum tabelliones sint, non valeant instrumenta facta per ipsos, sed cum suis dampnatis actoribus condempnentur; filii quoque ipsorum et nepotes usque ad quartam generationem ad nullos honores ecclesiasticos seu mundanos, ad nullas dignitates, ad nulla beneficia vel officia ecclesiastica possint admicti : quod si secus actum fuerit, carebit robore firmitatis. In penam eorum tibi, frater episcope, abbatibus, prepositis, decanis, prioribus, canonicis, monachis, necnon universis et singulis ordinis fratrum Predicatorum, Minorum, Heremitarum Sancti Augustini et Carmelitarum ac aliorum ordinum quorumcumque ac religiosorum prioribus, ministri,, custodibus, guardianis, et aliis clericis secularibus et regularibus, quibuscumque nominibus censeantur, in ipsa civitate Valentin., vel circa in ipsorum districtu, nichilominus injungendo, ut infra quadraginta dies, a tempore quo nostra infrascripta sententia proferetur, exeant de civitate seu territorio Valentin. et ipsius districtu, ad loca ipsa minime reversuri, nullis aliis ibidem de novo venturis; nec Valentini iidem extra prefatam civitatem etiam admictantur ad ecclesiastica sacramenta, donec sedis apostolice gratiam meruerint, et aliud a nobis receperitis in mandatis; quod si qui contra fecerint, excomunicationis sententiam incurrere contrafacientes volumus ipso facto, a qua preter quam in mortis articulo absolvi non poterunt ab alio quam a nobis, quocumque privilegio non obstante. Proviso tamen quod ecclesiis et domibus, pro ipsarum custodia, cathedrali et aliis collegiatis, si que sint Predicatorum, Minorum, et aliorum religiosorum ac secularium, unus, duo, tres, quatuor, quinque, vel sex, secundum amplitudinem vel paucitatem numeri personarum residentium in eisdem, conversi et illitterati, vel si conversos non haberent, clerici in minoribus ordinibus constituti, et in ecclesiis parrochialibus parrochiales presbyteri pro ministrandis baptismate parvulorum, penitentiis morientium et aliis ecclesiasticis sacramentis, que ministrantur tempore interdicti de jure, licite remaneant; et si infra mensem in hujusmodi malitiis pertinaciter obdormiant, ad privationem omnium beneficiorum, dignitatum ecclesiasticorum et ad confiscationem bonorum suorum omnium procedendo; personas ipsorum nichilominus universis Christi fidelibus, ut capientium fiant servi, ac bona eorum mobilia exponendo quibuscumque fidelibus occupanda, et quod contra eos, nisi a suis erroribus resipiscant, universorum regum et principum, universitatum et aliorum fidelium quorumlibet auxilium proponimus invocare, ad ipsorum rebellionem atque pertinaciam conterendam, ad penas alias spirituales et temporales, prout ipsorum flagitiorum postulat immanitas, processuri. Comunitatem ipsam seu commune Valentin., necnon consules, majores, consiliarios et officiales ipsorum et universaliter singulos (1), et singulariter universos et specialiter omnes et singulos, qui premissis

(1) *Ms.* singulis.

flagitiis commictendis aut alicui ex ipsis dederint auxilium, consilium, vel favorem, peremptorie presentium earumdem tenore citantes, ut die lune post dictum festum beate Marie Magdalene proximo venturum, in prioratu de Grausello prope Malausanam, Vasionen. diocesis, videlicet dicti consules, majores, consiliarii et qui dederint, ut predicitur, auxilium, consilium vel favorem, personaliter, universitas vero seu comune ac alii predicti per procuratores seu sindicos legitime constitutos, compareant coram nobis, justam, dante Domino, nostram sententiam, penas predictas et alias spirituales et temporales de quibus nobis videbitur contenturam, super hiis, utpote notoriis audituri, nostrisque mandatis et jussionibus humiliter parituri; alioquin per viam regiam incedentes, contra ipsos et ipsorum quemlibet, eorum absentia non obstante, quam replebit Dei presentia, procedemus. Ceterum ipsas universitatem seu comune ac alios predictos et ipsorum quemlibet per hanc nostram citationem, quam ex causa et certa scientia facimus, artari volumus ac si per eam fuisset ipsorum quilibet apprehensus, vobis sub virtute obedientie districtius injungentes, ut vos vel duo aut alter vestrum hujusmodi nostre citationis edictum in locis publicis dicte civitatis, de quibus vobis videbitur, publicetis et in hostiis seu superliminaribus ecclesie Valentine faciatis appendi. Et ne Valentini prefati ceterique quos idem contingit negotium aliquam possint excusationem pretendere, quod ad ipsos hujusmodi citatio nostra non venerit, vel quod ignorarint eandem; ecce quod cartas sive membranas presentes in Avinionen. ecclesie valvis appendi vel affigi mandamus, et eas nichilominus in audientia nostra nuntiari, que citationem hujusmodi, quasi sonoro preconio et patulo indicio publicabunt, cum non sit verisimile remanere quoad ipsos incognitum vel occultum, quod tam patenter omnibus publicatur; per cujus affictionem in valvis ejusdem Avinionen. ecclesie et nuntiationem, sicut premictitur, in audientia publica faciendas. etiam si per vos aut duos vel alterum vestrum non esset dicta citatio publicata vel appensa hostiis vel superliminaribus ejusdem ecclesie Valentin. sicut predicitur, prefatos Valentin. sic artari decernimus, ac si eis omnibus et singulis citatio ipsa fuisset presentialiter nuntiata, nostra et qualibet alia constitutione super hoc in contrarium edita non obstante. Dat. in prioratu predicto, vi kal. julii, anno septimo (1).

(1) Regestum Clementis papae V, 1887, t. VI, p. 318-23.

De la pièce reproduite plus haut, RAYNALDUS *n'a donné, dans ses Annales eccles. (1312, § 30), qu'un sec résumé ; on trouvera un récit plus vivant dans l'Essai histor.* sur l'égl. et la ville de Die, *de mon cousin, le chan.* Jules CHEVALIER *(t. II, p. 160-1).*

" *Clément V se hâta de quitter la cité inhospitalière de Valence ; dès le lendemain, on le trouve à Livron. Il semble s'y être arrêté pour se reposer des trop fortes émotions de la veille ; trois jours après, il entra dans le Comtat.*

Ce bien curieux document pourrait donner lieu à de longues considérations. On savait déjà l'intérêt et l'exactitude des bulles pontificales. Au moyen âge, les papes étaient placés trop haut pour être exposés ou avoir intérêt à falsifier les faits : il faut donc tenir ce récit comme authentique. Il met en relief des événements qui ne sont pas uniques dans l'histoire de la Papauté. De tout temps, elle a eu lieu de se plaindre au nom de l'humanité et de se lamenter des malheurs des temps. Comme je l'ai écrit un jour, il y aurait un gros livre à faire sur les plaintes de l'Eglise à toutes les époques. Les temps qui nous ont précédé valaient-ils mieux que le nôtre, comme on le dit souvent ? C'est douteux. Une des formes de la conformité à la volonté de Dieu me semble être de se trouver content de vivre au siècle où la Providence nous a placés. Cette situation d'esprit n'est nullement de l'indifférence et ne dispense pas de protester contre ce qui est mal. Mais notre attention constante sur ce mal nous en fait exagérer l'importance proportionnelle. Tous les siècles ont eu leurs misères et, tout examiné en connaissance de cause, nous n'échangerions pas volontiers le nôtre contre l'un des précédents. C'est ce qui ressort pour tous ceux qui étudient l'histoire, d'après les documents. Le laudator temporis acti *n'est généralement pas instruit, encore moins intelligent. Il est juste d'ajouter que l'histoire du bien, des bonnes œuvres, des efforts vertueux ne se trouve pas toute entière dans les documents écrits ; mais cette observation s'applique à tous les temps.*

Dans les 10,355 pièces qui constituent le Regestum de Clément V, il se trouve un trop grand nombre de dispenses, c'est-à-dire de dérogations aux lois sagement établies par l'Eglise ; pour la discipline, la papauté aurait donc fait, à cette époque, œuvre de destruction et non d'édification : la période suivante s'en ressentira. La pluralité des bénéfices y est trop explicitement admise ; et la nomination directe aux moindres prébendes tend à se généraliser d'une manière inquiétante. La commende, qui n'était au début et ne devait être qu'une exception, se multiplie à l'infini. La proportion des concessions, en faveur des compatriotes de Bertrand du Got, est disproportionnée avec celle du reste de la catholicité. La part de la Provence (qui m'occupe en ce moment) y est des plus faibles. Après les Gascons, ce sont les Anglais qui, comme toujours, sont les plus âpres à la curée.

Le mal allait se développant. Bien que tracé avec modération, ce tableau pourrait paraître forcé, si nous n'avions de son exactitude un témoin irrécusable… : le pape Clément V lui-même. La deuxième année de son pontificat, il était à Pessac, une de ses résidences préférées, à six kilom. de Bordeaux. L'hiver avait-il été rude, une influenza quelconque avait-elle sévi ? Le fait est que Clément V, comme un simple mortel, fut atteint d'une maladie assez grave : infirmitate satis periculosa nos hiis diebus Deus visitavit omnipotens. *L'inaction forcée, à laquelle le soin de sa santé le condamna, lui donna du loisir pour faire l'examen de conscience que le trouble des affaires ne lui avait pas permis d'entreprendre jusque-là :* variorum et arduorum negotiorum multiplicitate distracti. *La cause de ses remords venait surtout des concessions sans nombre de commendes patriarcales, archiépiscopales, épiscopales et monastiques. Les maux incalculables qu'engendraient ces abus n'étaient pas sans revenir à ses oreilles. La nuit, dit-on, est bonne conseillère ; la maladie aussi. Dans ses insomnies, le pape réfléchit, se repentit et révoqua d'un seul coup toutes les concessions de ce genre faites même à des cardinaux. Pour que le lecteur ait sous les yeux la preuve matérielle de cet exposé, voici la partie essentielle de la bulle que Clément V fit expédier à cette occasion. Elle est* ad perpetuam rei memoriam. *Dans le préambule, le pape rappelle qu'il doit être un pasteur vigilant du troupeau du Seigneur :* ut de illo possimus ad Ipsius laudem, cujus exercemus vices in terris, dignam in extremo judicio reddere rationem.

Sane pridem nos, licet insufficientibus meritis, ad summi apostolatus apicem, sicut Domino placuit, evocati, ab ipso nostre promotionis exordio antique notitie regum, prelatorum, magnatum et aliarum notabilium personarum ecclesiasticarum et secularium memores existentes ac ipsorum aliquibus, tum quia in terris morantes eorum gradum hujusmodi promotionis habuimus, tum quia solite ad eos amicitie specialibus affectibus ducebamur, aliquibus vero ex assueta Romanorum liberalitate pontificum, quam in suis exercere sunt soliti novitatibus, volentes honoris et liberalitatis affluentia complacere, ad eorum importunas tamen et multiplicatas precum instantias nonnullis clericis et personis ecclesiasticis, religiosis et secularibus diversorum ordinum, dignitatum, condicionum et statuum patriarchales, archiepiscopales et episcopales ecclesias ac monasteria, propriis destituta pastoribus, sub commende vel custodie seu cure vel guardie aut administrationis titulo, nomine vel vocabulo duximus perpetuo vel ad vitam seu ad certi temporis spatium committenda; super hiis autem, an tales videlicet et tantas gratias per nos fieri decuisset, variorum et arduorum negotiorum multiplicitate distracti usque ad tempus, quo infirmitate satis periculosa nos hiis diebus Deus visitavit omnipotens, nequivimus plenarie cogitare. Verum in debilitate ipsius egritudinis constituti et a negotiorum utcunque discussione semoti, ad hec sub diligenti examine direximus aciem nostre mentis, demumque perspeximus evidenter quod ecclesiarum et monasteriorum eorundem cura negligitur, bona et jura dissipantur ipsorum, ac subjectis eis personis et populis spiritualiter plurimum et temporaliter derogatur, eisque redundant ad noxam que dicebantur cedere ad profectum, ac nedum ipsis, sed etiam Romane matri ecclesie, que disponente Domino ipsorum caput fore dinoscitur et magistra, graviora inde futura pericula formidantur. Nolentes igitur hiis tot et tantis dispendiis ulterius causam relinquere, sed volentes potius oportunum et debitum in hac parte remedium adhibere, omnes et singulas commissiones hujusmodi per nos, ut premittitur, factas quibuscunque, cujusvis ordinis, dignitatis aut status, si etiam sancte Romane ecclesie cardinalibus quocunque modo vel tempore facte noscantur, auctoritate apostolica ex nunc ex certa scientia revocamus, cassamus et annullamus ac decernimus de cetero non habere aliquam roboris firmitatem (1).

Cet acte énergique eut-il toutes les conséquences qu'en devaient espérer les gens de bien ? C'est ce qu'il serait intéressant de rechercher pour constater les conséquences des bonnes intentions.

(1) Regestum cité, 1886, t. II, p. 163.

Ulysse CHEVALIER.

www.ingramcontent.com/pod-product-compliance
Lightning Source LLC
Chambersburg PA
CBHW050750070726
47597CB00009B/4143